Patricia Morgenthaler

VooDolls

Magische Voodoo-P
selber mache

Inhalt

Yes, you ca

Magische VooDolls

Das Leben kann ganz schön mies sein. Manchmal geht es ja soweit, dass man den Alltag vor lauter Problemen nicht mehr sieht. In solchen Situationen ist jede Hilfe und jede Aufmunterung willkommen. Käme eine gute Fee um die Ecke, man würde sicher nicht nein sagen. Falls die sich aber nicht blicken lässt, sind da ja immer noch die VooDolls. Die kleinen aus Wolle gewickelten Püppchen haben magische Kräfte und helfen dir bei allen möglichen Problemen: Bei Stress in der Schule, Ärger mit Jungs oder wenn du dich einfach mal wieder selbst nicht leiden kannst. Für jede Alltagskatastrophe gibt es eine kleine VooDoll, die dir mit ihren magischen Fähigkeiten beisteht.

Aber nicht nur bei Problemen, auch bei Wünschen sind VooDolls immer für dich da: Ob nun die lebenswichtige Party ansteht, auf der du möglichst cool rüberkommen möchtest, ob du auf eine Prüfung lernst oder einfach nur down bist und ein wenig Aufmunterung benötigst – immer gibt es eine lustige kleine VooDoll, die sich für deinen Wunsch einsetzt.

Und das beste an der Sache: Man kann VooDolls einfach selber machen. Mit etwas Wolle und ein paar Accessoires kannst du dir dein ganz persönliches Voodoo-Püppchen machen. Zum Selberbehalten oder Verschenken.

Viel Spaß dabei!

Boris Blackout

hat viel Erfahrung mit schwierigen Prüfungssituationen. Er kennt das Gefühl, ein Brett vor dem Kopf zu haben, auf dem Schlauch zu stehen und eine lange Leitung zu haben. Und weil er sozusagen Experte in Sachen Prüfungsversagen ist, kann er anderen bei Black-out & Co. helfen.

Die Bibliothek
ist ihr Zuhause,
kein Buch ist vor ihr sicher
und ihr Gedächtnis ist phänomenal.
Die liebenswerteste Eigenschaft an

Clever Sue ist jedoch ihre soziale Ader. Sie hilft, wo sie kann, teilt ihr unerschöpfliches Wissen, motiviert und gibt gute Ratschläge. Mit Sue als gutem Geist läuft die Schule oder das Studium.

Viel Erfolg!

Der **Self Made Man** ist ein absolutes Energiebündel, ein unverbesserlicher Optimist und immer auf der Suche nach einem guten Geschäft. Er hat den richtigen Riecher für lukrative Deals und ist voller Tipps und Tricks für den erfolgreichen Geschäftsmann. Mit ihm ist die erste Million nur eine Frage der Zeit.

Felix Fehlerteufel – ganz im Gegensatz zu seinem großen Bruder – ist immer auf der Jagd nach Fehlern. Er durchforstet Schulhefte, liest Aufsätze und rechnet Matheaufgaben nach. Bewaffnet mit Dreizack und Scharfblick spürt Felix Fehlerteufel auch noch den kleinsten Fehler auf.

Mit **Felix Fehlerteufel** sinkt die Fehlerquote – garantiert!

Die **Gute-Noten-Fee** hat magische Kräfte. In wichtigen Prüfungen sorgt sie für Geistesblitze und gute Einfälle, Inspiration und Konzentration und das Fünkchen Genialität, die man für gute Noten braucht. Mit ihr kann jeder das Beste aus sich herausholen – und ohne Lampenfieber das Ergebnis abwarten.

Anleitung

Boris Blackout

Material

Baumwollgarn in Grün und Hellblau, Rundkopfklammer „Herz" in Rot (ø 4 mm), 2 Stecknadeln ohne Kopf, 2 Stecknadeln mit Kopf, Bastelfilz in Hellbraun (4 mm stark), Metallic-Liner in Braun

Die Puppe und das Shirt werden nach Grundanleitung (siehe Seite 54–57) gewickelt. Aus braunem Filz ein ca. 6 cm x 2 cm großes Rechteck ausschneiden, mit dem Metallic-Liner die Holzmaserung aufmalen und trocknen lassen. Mit den beiden Stecknadeln das Filzbrett am Kopf des Püppchens befestigen. Zum Schluss das rote Herz mittig auf dem Körper fixieren und zwei Stecknadeln rechts und links davon in die Puppe stecken.

Clever Sue

Material

Baumwollgarn in Rosa, Pink und Dunkelgrau, Bastelfilz in Schwarz (4 mm stark), Steckdraht, Rundkopfklammer „Herz“ in Rosa (ø 4 mm), 2 Stecknadeln mit Kopf

Vorlage Seite 58

Die Puppe nach der Grundanleitung (siehe Seite 54/55) wickeln. Das Kleid bis etwa zur Hälfte der Beine wickeln und dann die Augen in den Kopf stecken (siehe Grundanleitung). Aus dem Draht eine Brille zurechtbiegen. Dazu zwei Kreise für die Brillengläser jeweils einmal um einen Stift biegen, die Seiten nach hinten biegen, den Draht auf ca. 1–1,5 cm kürzen und die Brille am Kopf befestigen.
Die Haare mit Mittelscheitel aus pinkfarbenem Garn knoten (siehe Grundanleitung) und mit Textilkleber am Kopf befestigen.

Die Haare anschließend auf ca. 7 cm Länge kürzen. Die beiden Einzelteile des Hutes laut Vorlage aus schwarzem Filz zuschneiden. Erst den schmalen Streifen an beiden Enden mit etwas Textilkleber zum Ring schließen. Dann Klebstoff auf den oberen Rand auftragen und die Hutplatte auf dem Ring befestigen. Gut trocknen lassen.
Den Collegehut nun auf dem Kopf evtl. mit etwas Klebstoff fixieren. Zum Schluss das rosa Herz mittig auf dem Körper befestigen und zwei Stecknadeln rechts und links davon in die Puppe stecken.

Self Made Man

Material

Baumwollgarn in Hellblau, Dunkelgrau, Weiß und Gelb, Bastelfilz in Weiß, Pink und Dunkelbraun (1 mm stark) und in Hellbraun (4 mm stark), Rundkopfklammer „Herz" in Weiß (ø 4 mm), Wattekugel (ø 2 cm), 2 Stecknadeln mit Kopf, Metallic-Liner in Gold

Vorlage Seite 58

Die Puppe samt Hemd und Hose wird nach Grundanleitung (siehe Seite 54–57) gewickelt. Die Krawatte und den Hemdkragen aus Filz ausschneiden und mit Textilkleber am Hals fixieren. Das weiße Herz mittig auf die Krawatte stecken und zwei Stecknadeln rechts und links davon platzieren.

Mithilfe der Vorlage die drei Teile des Hutes aus hellbraunem Filz ausschneiden. Den breiten Streifen an beiden Enden mit etwas Textilkleber bestreichen und zu einem Ring schließen. Diesen Ring mit etwas Textilkleber in die Öffnung der Hutkrempe kleben und zum Schluss den Hut oben mit einem Filzkreis schließen. Auf die Vorderseite des Hutes mit dem Metallic-Liner ein Dollarzeichen aufmalen und je nach Geschmack weiter bemalen und gut trocknen lassen. Den Hut anschließend dem Püppchen auf den Kopf setzen. Die beiden schwarzen Stecknadeln als Augen in den Kopf stecken (siehe Grundanleitung).

Zum Schluss aus dem dunkelbraunen Filz ein etwa 5 cm x 5 cm großes Quadrat ausschneiden, um die Wattekugel legen, zusammenbinden und mit Metallic-Liner ein Dollarzeichen aufmalen. Nach dem Trocknen kann der Sack mit etwas Textilkleber in die Hand der Puppe geklebt werden.

Gute-Noten-Fee

Material

Baumwollgarn in Weiß und Hellrosa, Strickwolle in Rosa, Organza-Rüschenband in Pink (ca. 12 cm lang), Aluminiumdraht, Brads „Stern", beglimmert, 2 x in Orange und 1 x in Lila

Die Puppe und das Shirt werden nach Grundanleitung (siehe Seite 54–57) gewickelt. Das Organza-Rüschenband um den Körper der Fee wickeln, dabei immer etwas nach oben versetzt auflegen und mit Textilkleber fixieren.
Die Haare mit Mittelscheitel aus rosafarbener Wolle knoten (siehe Grundanleitung) und mit Textilkleber am Kopf befestigen. Die Haare anschließend auf ca. 7 cm Länge kürzen und einen orangefarbenen Stern ins Haar stecken. Zwei schwarze Stecknadeln als Augen in den Kopf stecken.
Auf ein ca. 3 cm langes Stück Aluminiumdraht einen Stern in Orange kleben. Den Feenstab nun mit etwas Klebstoff an der Hand der Fee befestigen. Zum Schluss den lila Stern mittig auf dem Körper platzieren.

Felix Fehlerteufel

Material

Baumwolle in Rot und Schwarz, Rundkopfklammer „Herz" in Rot (ø 4 mm), Plastik-Buchstaben-Perlen, Chenilledraht in Schwarz, 2 Stecknadeln mit Kopf

Die Puppe und das Shirt werden nach Grundanleitung (siehe Seite 54–57) gewickelt. Zwei schwarze Stecknadeln als Augen in den Kopf stecken. Aus der roten Wolle zwei ca. 2 cm lange Stücke abschneiden und als Hörner mit etwas Klebstoff am Kopf befestigen. Für den Dreizack aus Chenilledraht ein ca. 6 cm und ein ca. 4 cm langes Stück zurechtschneiden. Das kürzere Stück zweimal um das lange Stück verdrehen und nach oben zum Dreizack biegen. Die Buchstabenperlen auf den Stiel des Dreizacks auffädeln. Der Dreizack wird zunächst in die Hand geklebt und anschließend wird der Arm am Körper von Felix Fehlerteufel mit Klebstoff fixiert. Zum Schluss das rote Herz mittig auf dem Körper platzieren und zwei Stecknadeln rechts und links davon in die Puppe stecken.

Alles wird gut!

Mit Enterhaken, Säbelrasseln und viel Geschrei stürzt sich Käpt'n Kid auf deine Feinde. Wer dich nach der Piraten-Attacke immer noch nicht in Ruhe lässt, wird gekielholt, an den Mastbaum gebunden oder zum Küchendienst in der Kombüse abkommandiert. Mit dem Käpt'n ist nicht zu spaßen.

Käpt'n Kid

Sie kann, was andere nicht können: in die Zukunft schauen. In ihrer Glaskugel sieht das Orakel, was passieren wird und kann eingreifen oder warnen, wenn Böses im Anmarsch ist. Mit dem kleinen Orakel im Gepäck kannst du Hokuspokus wie Kaffeesatzlesen getrost vergessen.

Das Orakel

Angelina

Angelina ist der beste aller Schutzengel. Sie hat das Schutzengel-Diplom mit Auszeichnung bestanden und schon ziemlich viel Berufserfahrung gesammelt. Sie begleitet dich überall hin und passt gut auf, dass dir nichts passiert. Geballte Schutzengel-Kompetenz für dich!

Anders als sein bekannter Vorfahr, Graf Dracula, ist Mr. Vamp eigentlich ganz in Ordnung. Er hat einen ausgeprägten Helferkomplex und ist nur glücklich, wenn er anderen in kniffligen Situationen beistehen kann – natürlich mithilfe seiner übernatürlichen Kräfte.

Mr. Vamp

Marlon Magician

Mit Zauberkräften begleitet dich Marlon Magician auf deinem Weg. Er kann nicht nur Probleme in Luft und Schwierigkeiten in Wohlgefallen auflösen, sondern auch kleine Alltagswunder vollbringen. Einen solchen Begleiter zu haben, ist ein magisch gutes Gefühl.

ANLEITUNG

Angelina

Material

Baumwollgarn in Gelb und Weiß, Strickwolle in Kupferrot, Bastelfilz in Weiß (1 mm stark), Aluminiumdraht, Rundkopfklammer „Herz" in Rot (ø 4 mm), Engelsflügel aus Pappmaché, versilbert (10 cm breit), Brad „Stern", beglimmert, in Orange, Glitter-Liner in Silber, 2 Stecknadeln mit Kopf

Vorlage Seite 59

Die Puppe und das Shirt werden wie in der Grundanleitung (siehe Seite 54–57) beschrieben gewickelt. Aus weißem Filz laut Vorlage das Kleid und die Stulpen ausschneiden. Auf das Kleid Textilkleber auftragen und es anschließend um Angelinas Körper wickeln. Nun die Stulpen um die Handgelenke kleben. Mit Glitter-Liner werden ein großes Herz und ein paar Punkte auf Kleid und Stulpen aufgemalt. Alles gut trocknen lassen, dann die Flügel mit Klebstoff am Rücken fixieren.

Die Haare zum Pferdeschwanz knoten (siehe Grundanleitung) und mit Textilkleber am Kopf befestigen. Die Haare mit einem kupferfarbenen Faden zusammenfassen und auf ca. 8 cm Länge kürzen.
Aus Aluminiumdraht einen Heiligenschein biegen und in den Kopf stecken. Einen Glimmerstern in Angelinas Haar und zwei blaue Stecknadeln als Augen in den Kopf stecken. Zum Schluss das rote Herz mittig auf dem Körper befestigen und zwei Stecknadeln rechts und links davon in die Puppe stecken.

Käpt'n Kid

Material

Baumwollgarn in Hellbraun und Schwarz, Bastelfilz in Schwarz (4 mm stark) und Weiß (1 mm stark), Aluminiumdraht, Wattekugel (ø 8 mm), Rundkopfklammer „Herz“ in Weiß (ø 4 mm), Stecknadel mit schwarzem Kopf, 2 Stecknadeln mit Kopf, wasserfester Filzstift in Schwarz

Vorlage Seite 59

Die Puppe samt Shirt wie in der Grundanleitung auf Seite 54–57 beschrieben wickeln. Eine schwarze Stecknadel als Auge in den Kopf stecken. Aus schwarzem Filz zweimal den Hut und einmal die Augenklappe sowie aus weißem Filz den Totenkopf ausschneiden. Die beiden Teile des Hutes mit Textilkleber zusammenkleben, dazu etwas Klebstoff am Rand (aber nicht an der Unterseite) auftragen und die beiden Teile zusammendrücken. Den Totenkopf vorne auf den Hut kleben, den Klebstoff gut trocknen lassen und das „Gesicht“ des Totenkopfes mit einem schwarzen Filzstift aufmalen. Den Hut mit etwas Klebstoff am Kopf des Piraten befestigen.

Die Augenklappe ebenfalls aufkleben und mit dem Filzstift die Schnur der Augenklappe aufmalen. Den Aluminiumdraht als Haken zurechtbiegen. Das geht am besten mithilfe eines Stiftes, um den man den Draht biegt. Den Draht in die Wattekugel stecken und am rechten Arm des Piraten festkleben. Zum Schluss das weiße Herz mittig auf dem Körper befestigen und zwei Stecknadeln rechts und links davon in die Puppe stecken.

Mr. Vamp

Material

Baumwollgarn in Gelb, Schwarz und Rot, Bastelfilz in Rot (4 mm stark) und Weiß (1 mm stark), Rundkopfklammer „Herz" in Rot (ø 4 mm), 2 Stecknadeln mit Kopf, Velour-Zylinder in Schwarz (innen ø 3 cm)

Vorlage Seite 59

Puppe und Pullover werden nach Grundanleitung (siehe Seite 54–57) gewickelt. Zwei schwarze Stecknadeln als Augen in den Kopf stecken. Den Umhang laut Vorlage aus rotem Filz zuschneiden, den oberen Rand des Umhangs mit etwas Klebstoff am Hals des Vampirs befestigen und gut trocknen lassen.
Ein ca. 1,5 cm langes Stück roten Faden mit Klebstoff als Mund aufkleben. Die beiden Eckzähne aus weißem Filz ausschneiden und rechts und links vom Faden aufkleben. Zum Schluss das rote Herz mittig auf den Körper stecken, zwei Stecknadeln rechts und links davon platzieren und den Zylinder leicht schräg auf den Kopf setzen.

Das Orakel

Material

Baumwollgarn in Pink, Strickwolle in Maisgelb und Grün, Rundkopfklammer „Herz" in Rosa (ø 4 mm), 2 Stecknadeln mit Kopf, Murmel

Die Puppe laut Grundanleitung wickeln (siehe Seite 54/55). Der Anzug wird aus dicker maisgelber Wolle gewickelt. Dazu wird zunächst der Faden zwei- bis dreimal über Kreuz gewickelt, dann jeweils an beiden Armen bis zur Hand wickeln, wieder bis zum Körper und weiter nach unten bis etwa zum Anfang der Beine, dann beide Beine separat umwickeln und zurück bis zur Mitte des Körpers. Den Faden verknoten und evtl. mit etwas Textilkleber fixieren.
Mit der grünen Wolle einen dicken Turban wickeln. Dazu den Faden immer über Kreuz rund um den Kopf legen und evtl. zwischendurch den Faden mit etwas Textilkleber fixieren. Zwei schwarze Stecknadeln als Augen in den Kopf stecken.
Die Murmel mit Klebstoff an beide Hände des Orakels kleben. Zum Schluss das rosa Herz mittig auf dem Körper befestigen und zwei Stecknadeln rechts und links davon in die Puppe stecken.

Marlon **Magician**

Material

Baumwollgarn in Orange und Schwarz, Bastelfilz in Schwarz (1 mm und 4 mm stark), Aluminiumdraht (ca. 6 cm lang), Rundkopfklammer „Herz“ in Weiß (ø 4 mm), Brads „Stern“, beglimmert, in Orange und Lila, 2 Stecknadeln mit Kopf, Sticknadel

Vorlage Seite 59

Das Püppchen und das Shirt wie in der Grundanleitung beschrieben (siehe Seite 54–57) wickeln. Aus dem stärkeren Filz laut Vorlage den Hut ausschneiden. Die beiden geraden Kanten des Hutes mit Textilkleber bestreichen und zusammenkleben, sodass eine spitze Form entsteht. Mittig auf den Hut einen Stern in Orange stecken.

Den Umhang laut Vorlage aus dem dünneren Filz zuschneiden und mit einer Sticknadel an beiden oberen Ecken einen schwarzen Faden durchziehen. Nun wird dem Püppchen der Mantel umgelegt, der Faden wird verknotet und zur Schleife gebunden. An den Aluminiumdraht einen Stern in Lila kleben und diesen Zauberstab in die Hand des Püppchens kleben. Zwei schwarze Stecknadeln als Augen in den Kopf stecken. Zum Schluss das weiße Herz mittig auf den Körper stecken und zwei Stecknadeln rechts und links davon platzieren.

Girls, girls, Girls

Susi Schnäppchenjägerin

Susi Schnäppchenjägerin ist in den Jagdgründen der Großstadt zu Hause. Sie ist immer zur richtigen Zeit am richtigen Ort, setzt sich auf elegante Weise am Wühltisch durch und ergattert so die stylishsten Outfits. Mit Susi ist Chic keine Frage des Geldes, sondern des Jagdglücks. Halali!

Morgenmuffelmonster

Wer kennt sie nicht, die Tage, an denen das Grauen ein Gesicht bekommt: Fahle Haut, Pickel auf der Nase und Haare, die jeder Frisierkunst widerstehen. Da hilft nur noch: Augen zu und durch den Tag. Morgen wird's besser. Das kann dir das Morgenmuffelmonster aus langer Erfahrung versichern.

Party Queen

Die Party Queen ist der Mittelpunkt auf jeder Party. Egal, ob auf der Tanzfläche, beim Karaoke-Singen oder Socializing, die Party Queen macht immer eine gute Figur. Mit ihrer lockeren Art und ihrer guten Laune hilft sie dir, sich auf jeder Party königlich zu amüsieren. Let's have fun!

Girl Power

Zu zweit ist das Leben leichter. Wer eine beste Freundin hat, hat zugleich einen Fashion Coach, eine Lebensberaterin, Krisenmanagerin und kompetente Expertin in Sachen Jungs in einem. Mit so viel geballter Girl Power kann nicht mehr viel schief gehen.

Anleitung

Party Queen

Material

Baumwollgarn in Hellbraun, Blau und Orange, Strickgarn in verschiedenen Farben, Brad „Blume" in Blau und Orange (ø 1,8 cm), Rundkopfklammer „Herz" in Rosa (ø 4 mm), 2 Stecknadeln mit Kopf, 2 Schmucksteine in Blütenform

Die Puppe und das Kleid nach Grundanleitung (siehe Seite 54–57) wickeln. Die Beine jeweils etwa dreimal mit orangefarbenem Garn umwickeln und dieses mit Textilkleber fixieren. Dann jeweils einen Schmuckstein in Blütenform aufkleben.
Die Haare abwechselnd in den unterschiedlichen Farben zum Pferdeschwanz knoten (siehe Grundanleitung) und mit Textilkleber am Kopf befestigen. Die Haare zusammenfassen und auf ca. 7 cm kürzen. Zwei Blumen ins Haar stecken, das rosa Herz mittig auf dem Körper befestigen und zwei Stecknadeln rechts und links davon in die Party Queen piksen.

Morgenmuffelmonster

Material

Baumwollgarn in Orange, Rundkopfklammer „Herz" in Weiß (ø 4 mm), 2 Stecknadeln mit Kopf, Packpapier

Vorlage Seite 60

Die Puppe wird nach der Grundanleitung (siehe Seite 54/55) gewickelt. Das weiße Herz mittig auf den Körper setzen und zwei Stecknadeln rechts und links davon in die Puppe stecken.
Die Vorlage der Papiertüte auf das Packpapier übertragen und ausschneiden. An den gestrichelten Linien muss das Papier gefaltet werden.
Anschließend die Seitenlasche mit Klebstoff bestreichen und innen in die Tüte einkleben. Dann zunächst die beiden schmalen oberen Laschen nach innen knicken und mit Klebstoff einstreichen, um eine der breiten Laschen zu befestigen. Zum Schluss die zweite breite Lasche mit Klebstoff aufkleben. In die Tüte nun zwei kleine Löcher schneiden, die Tüte über den Kopf der Puppe stülpen und die beiden blauen Stecknadeln durch die Löcher in den Kopf der Puppe stecken.

Girl Power

Material
Baumwollgarn in Pink und Rosa, Strickwolle in Pink und Rosa, Rundkopfklammer „Herz“ in Rosa und Rot (ø 4 mm), 4 Stecknadeln mit schwarzem Kopf, 2 Stecknadeln mit Kopf, 2 Schmucksteine in Blütenform, 2 Haushaltsgummis in Rot

Die beiden Puppen nach Grundanleitung (siehe Seite 54–57) einmal mit pinkfarbener und einmal mit rosafarbener Wolle wickeln. Die Kleider werden mit pinkfarbener bzw. mit rosafarbener Wolle bis etwa zum Anfang der Beine gewickelt (siehe Grundanleitung).
Die Haare einmal in Pink und einmal in Rosa zum Pferdeschwanz knoten (siehe Grundanleitung) und mit Textilkleber jeweils am Kopf befestigen. Die Haare mit einem Gummiband zusammenfassen und auf ca. 7 cm kürzen. Jeweils eine Blume auf den Haaransatz kleben sowie das rosafarbene bzw. rote Herz mittig auf den Körper setzen und eine Stecknadel jeweils in eine der Puppen stecken.

Susi Schnäppchenjägerin

Material
Baumwollgarn in Hellblau und Pink, Strickwolle in Türkis, buntes Webband mit Kreisen, Steckdraht, Rundkopfklammer „Herz“ in Weiß (ø 4 mm), Bastelfilz in Pink, Grün, Grau und Dunkelrot (2 mm stark), 2 Schmucksteine in Blütenform, wasserfester Filzstift in Schwarz

Vorlage Seite 60

Die Puppe wird nach der Grundanleitung (siehe Seite 54–57) gewickelt. Dann wird ein ca. 2 cm langes Stück Webband als Rock um die Beine gelegt und mit etwas Textilkleber fixiert. Das Shirt mit pinkfarbener Wolle bis knapp über den Rock wickeln (siehe Grundanleitung), den unteren Teil der Beine mit pinkfarbenem Garn jeweils ca. dreimal umwickeln und dieses mit etwas Textilkleber fixieren. Die Haare mit Mittelscheitel aus türkisfarbener Wolle knoten und mit Textilkleber am Kopf befestigen. Die Haare anschließend auf ca. 7 cm Länge kürzen und dann die Augen anbringen (siehe Grundanleitung).
Aus pinkfarbenem Filz laut Vorlage eine Sonnenbrille ausschneiden und die Gläser mit einem schwarzen Filzstift aufmalen. Anschließend für drei Taschen laut Vorlage jeweils zwei Teile ausschneiden. Dreimal ca. 2 cm lange Stücke Steckdraht zurechtschneiden und über einem Stift rund biegen. Die beiden Enden jeweils als Griff von vorne durch die Vorderseite der Tasche stecken und etwas überragen lassen. Nun die beiden Taschenteile zusammenkleben und eine kleine Blüte auf zwei der Taschen kleben. Auf die dritte Tasche einen Kreis aus pinkfarbenem Filz kleben. Um die Taschen am Arm zu fixieren, einfach den Henkel um den Arm biegen.
Zum Schluss das weiße Herz mittig auf den Körper stecken und zwei Stecknadeln rechts und links davon in die Puppe piksen.

Boys' stuff

Ronald Race liebt sein Auto und das Gefühl, viele PS unter dem Hintern zu haben. Mit viel sportlichem Ehrgeiz eifert er seinen Vorbildern auf den Rennstrecken dieser Welt nach. Ronald ist aber kein Rowdy auf der Straße. Denn schließlich ist Autofahren viel zu schön, um es nicht ein ganzes Leben lang genießen zu wollen.

Der kleine **Fußballgott** ist ein Ballkünstler, Teamplayer und Allroundspieler. Er ist ein Spielemacher mit ausgeprägtem Mannschaftsgefühl, vereint Kampfgeist und Fair Play. Doppelpass, Fallrückzieher und Bananenflanke sind für ihn ebensowenig ein Problem wie eine gute Ballführung, Konzentration und Schnelligkeit.

Newcomer Tom

Alle mal herhören: Das könnte der nächste Newcomer der Musikszene werden. Wenn Tom auf der Bühne seine Show abzieht, bebt der Saal. Die Girls stehen Schlange und auch im Autogrammegeben hat Tom schon Übung. Bei so viel Talent ist der erste Number One Hit nur eine Frage der Zeit. Bis dahin ist Toms Motto: Rockt das Leben!

Warum auf zwei Beinen durch die Welt gehen, wenn man ein Skateboard hat? Das könnte das Lebensmotto von

Skating Robert

sein. Mit einem Board hat er nicht nur mehr Speed, sondern auch mehr Spaß im Leben. Jede freie Minute verbringt er in der Halfpipe und mit der Suche nach guten Spots.

Gregor Graffiti

ist ein richtiger Künstler. Jeder an seiner Schule kennt seine coolen Designs und abgefahrenen Style Writings. Er ist sozusagen der Art Director der Schule und für die Gestaltung des Aufenthaltsraumes und der Klassenzimmer verantwortlich. Auch für Schulordner und Hefte sind seine Motive begehrt.

Anleitung

Ronald Race

Material

Baumwollgarn in Rot und Creme, Strickwolle in Schwarz, Schleifenband in Rot-Weiß kariert (5 mm breit), 2 Schraubenmuttern, Rundkopfklammer „Herz" in Rot (ø 4 mm), Schraube mit Unterlegscheibe, evtl. Autoreifen eines Spielzeugautos, 2 Stecknadeln mit Kopf

Ronald Race samt seinem Hosenanzug wird laut Grundanleitung gewickelt (siehe Seite 54–57). Die Haare mit Mittelscheitel aus schwarzer Wolle knoten (siehe Grundanleitung) und mit Textilkleber am Kopf befestigen. Die Haare anschließend auf ca. 5 cm Länge kürzen und nach hinten streichen. Das sieht dann so aus, als ob Wind durch das Haar weht.
Zwei schwarze Stecknadeln als Augen in den Kopf stecken und das karierte Band als Schal um den Hals wickeln. Nun die beiden Schraubenmuttern auf die Arme stecken und die Hände an der Unterlegscheibe festkleben.
Zum Schluss das rote Herz mittig auf den Körper stecken und zwei Stecknadeln rechts und links davon in die Puppe piksen. Nun kann man – wenn man möchte – Ronald Race mit der Schraube in einen Spielzeug-Autoreifen stecken.

Skating Robert

Material

Baumwollgarn in Weiß und Blau, Strickwolle in Schwarz, Bastelfilz in Grau (1 mm stark), Rundkopfklammer „Herz" in Weiß (ø 4 mm), 2 Stecknadeln mit Kopf, Fimo® in Rot, Gelb und Grün, Cutter mit Schneideunterlage, Nudelholz, Klarlack, Überraschungsei-Hälfte (für den Helm), kleiner runder Schmuckstein in Transparent

Vorlage Seite 60

Der Skater wird gemäß Grundanleitung auf Seite 54/55 gewickelt. Eine Besonderheit gibt es allerdings: Die Beine werden komplett mit blauer Wolle gewickelt. Der Anzug wird mit blauer Wolle bis etwa zur Hälfte der Beine gewickelt (siehe Grundanleitung). Zwei blaue Stecknadeln als Augen in den Kopf stecken.

Die Haare werden direkt innen in den Helm geklebt. Dazu ca. 2 cm lange schwarze Wollfäden zuschneiden, die einzelnen Haarsträhnen auf die Innenseite der Ei-Hälfte kleben und gut trocknen lassen. Die Haare anschließend auf ca. 1 cm Länge kürzen.

Den Helm samt Haare auf den Kopf kleben. Aus dem grauen Filz einen ca. 5 mm breiten und 6 cm langen Streifen ausschneiden und mit Klebstoff als Gürtel um den Bauch des Skaters kleben. Einen kleinen Schmuckstein als Gürtelschnalle aufkleben. Das weiße Herz mittig auf den Körper stecken und zwei Stecknadeln rechts und links davon in die Puppe stecken.

Roten Fimo® mit etwas grünem und gelbem mischen und mit einem Nudelholz auf einer Schneideunterlage eine ca. 5 mm starke Fläche ausrollen. Das Skateboard laut Vorlage mit einem Cutter ausschneiden. Aus gelbem Fimo® eine kleine ca. 5 mm dicke „Wurst" rollen und vier Scheiben als Rollen abschneiden. Diese unten an dem Skateboard anbringen. Das Skateboard laut Herstellerangaben im Backofen brennen und am Schluss lackieren.

Newcomer Tom

Material

Baumwollgarn in Weiß und Schwarz, Strickwolle in Schwarz, Bastelfilz in Weiß und Schwarz (1 mm stark, 3 cm x 0,5 cm und 2 x 2 cm x 0,5 cm), Zahnstocher, Wattekugel (ø 8 mm), wasserfeste Filzstifte in Schwarz und Grau

Die Puppe wird laut Grundanleitung (siehe Seite 54–57) gewickelt. Dann die Haare mit Mittelscheitel aus schwarzer Wolle knoten (siehe Grundanleitung) und mit Textilkleber am Kopf befestigen. Die Haare anschließend auf ca. 5 cm Länge kürzen. Für die mittleren Haarsträhnen wie auf Seite 56 (Hahnenkamm) beschrieben vorgehen. Die Haarsträhnen nun auf ca. 1,5 cm kürzen. Anschließend wird der lange Wollfaden auf ca. 3 cm gekürzt und mit Textilkleber mittig auf den Kopf geklebt.
Der Anzug wird mit schwarzer Wolle bis etwa zur Hälfte der Beine gewickelt (siehe Grundanleitung). Aus dem weißen Filz zwei ca. 5 mm große Ovale ausschneiden und mit einem wasserfesten Stift schwarz umranden. Anschließend werden die beiden Ovale als Augen auf den Kopf geklebt, zwei blaue Stecknadeln mit der Kneifzange auf etwa 1 cm gekürzt und auf die Ovale gesteckt. Aus dem schwarzen Filz ein Hals- und zwei Armbänder ausschneiden und mit etwas Textilkleber um Hals und Handgelenke kleben.
Vom Zahnstocher ein ca. 1 cm langes Stück abschneiden und schwarz anmalen. Die Wattekugel mit einem grauen Filzstift bemalen und auf den Zahnstocher stecken. Das so entstandene Mikro in die Hand kleben.

Fußballgott

Material

Baumwollgarn in Orange, Weiß und Schwarz, Wattekugeln (ø 2 cm), Rundkopfklammer „Herz" in Rot (ø 4 mm), 2 Stecknadeln mit Kopf, wasserfester Filzstift in Schwarz

Die Puppe und das Shirt wie in der Grundanleitung auf Seite 54–57 beschrieben wickeln. Die Hose wird ebenfalls nach Grundanleitung gewickelt, nur werden hier die Beine ein Stück weit zusammengewickelt.
Die beiden schwarzen Stecknadeln als Augen in den Kopf stecken. Das rote Herz mittig auf dem Körper befestigen und zwei Stecknadeln rechts und links davon in die Puppe stecken. Nun fehlt nur noch, die Wattekugeln im gewünschten Fussball-Design anzumalen.

Gregor Graffiti

Material

Baumwollgarn in Creme und Gelb, Rundkopfklammer „Herz" in Rot (ø 4 mm), 2 Stecknadeln mit Kopf, Kopierpapier in Weiß

Vorlage Seite 61

Das Püppchen und die Kleidung werden wie in der Grundanleitung (siehe Seite 54–57) beschrieben gewickelt. Die beiden schwarzen Stecknadeln als Augen in den Kopf stecken. Die Spraydose abpausen, anmalen und an die Hand kleben. Zum Schluss das rote Herz mittig befestigen und zwei Stecknadeln rechts und links davon in die Puppe stecken.

DAS WÜNSCH' ICH

Kleine Entscheidungshilfe

Cheering Charly

Cheering Charlie ist der beste Fan der Welt, egal für wen oder was. Er ist Weltmeister im Anfeuern, immer voller Begeisterung und ein treuer Begleiter. Er unterstützt dich bei was immer du in Angriff nehmen möchtest. Und wenn mal das Selbstvertrauen abhanden kommen sollte: Charlie bringt es bestimmt zurück.

Ja? Nein? Vielleicht? Oder vielleicht doch lieber nicht? Manchmal kann man sich einfach nicht entscheiden. In solchen Situationen ist die kleine Entscheidungshilfe zur Stelle, die vor Entscheidungsfreude nur so strotzt. Sie hat einen klaren Verstand, analysiert das Problem und findet die richtige Lösung. Ein „Jain" wird es mit ihr nicht geben.

DIR!

Stehst du vor einer großen Aufgabe? Dann ist Bea Bravissimo genau die richtige Begleiterin. Sie ist sehr begeisterungsfähig, hat großes Vertrauen in ihre Mitmenschen und freut sich über die Erfolge anderer genauso wie über die eigenen. Und wenn es mal nicht so gut läuft, ist Bea da, um dich aufzubauen.

Bea Bravissimo

Theo Trostpflaster

Theo ist ein kleiner Pechvogel. Mal fällt ihm ein Blumentopf auf den Kopf, mal klemmt er sich die Finger ein oder bricht sich ein Bein. Bei allem Pech weiß Theo aber: Mit guter medizinischer Versorgung, viel Zuspruch von lieben Menschen und etwas Schokolade ist man schnell wieder hergestellt.

Lucky Lucas

Was normalen Leuten manchmal fehlt, hat Lucky Lucas im Überfluss: Glück. Er ist ein Glückspilz, der immer Schwein hat und überall vierblättrige Kleeblätter findet. Beneidenswert! Wie gut, dass Lucas ein großzügiger Typ ist und gerne sein Glück teilt. Natürlich auch mit dir!

Kleine

Entscheidungshilfe

Material

Baumwolle in Lila und Hellblau, Strickgarn in Maisgelb, Rundkopfklammer „Herz“ in Rot (ø 4 mm), Rüschenband in Weiß-Hellblau kariert, 2 Stecknadeln mit Kopf, Plastik-Buchstaben-Perlen, 2 Haushaltsgummis in Rot

Das Püppchen und das Shirt werden wie in der Grundanleitung auf Seite 54–57 beschrieben gewickelt. Der Rock besteht aus einem ca. 2,5 cm langen Rüschenband, das um den Bauch der Puppe gewickelt und mit etwas Textilkleber befestigt wird.
Die Haare mit Mittelscheitel aus maisgelber Wolle knoten (siehe Grundanleitung) und mit Textilkleber am Kopf befestigen. Die Haare anschließend zu zwei Zöpfen flechten und mit jeweils einem Gummiband fixieren. Überstehende Wolle gerade abschneiden. Zwei schwarze Stecknadeln als Augen in den Kopf stecken. Das rote Herz mittig auf dem Körper fixieren und zwei Stecknadeln rechts und links davon in die Puppe stecken. Die Buchstaben-Perlen auf einen Faden fädeln und diesen um die Hände knoten oder mit Textilkleber fixieren.

ANLEITUNG

Cheering Charly

Material

Baumwollgarn in Creme und Hellblau, Bastelfilz in Dunkelgrün und Grau (4 mm stark), Rundkopfklammer „Herz" in Rot (ø 4 mm), 2 Stecknadeln mit Kopf, Zahnstocher

Vorlage Seite 61

Die Puppe und das Shirt werden nach der Grundanleitung auf Seite 54–57 gewickelt. Die beiden blauen Stecknadeln als Augen in den Kopf stecken. Die beiden Einzelteile der Kappe laut Vorlage aus grünem und grauem Filz zuschneiden. Erst den schmalen Streifen als Ring an beiden Enden mit etwas Textilkleber verkleben. Dann am geraden Rand des Kappenschildes etwas Klebstoff auftragen und am Ring befestigen. Gut trocknen lassen.

Die Kappe nun auf dem Kopf fixieren. Das rote Herz mittig auf den Körper stecken und zwei Stecknadeln rechts und links davon in die Puppe stecken. Die rechte Hand an den Körper kleben. Den Zahnstocher von hinten an das bedruckte Papierschild kleben und ihn evtl. mit etwas Klebstoff am Arm des Püppchens befestigen.

Theo Trostpflaster

Material

Baumwollgarn in Grün, Bastelfilz in Weiß (1 mm stark), Rundkopfklammer „Herz“ in Rot (ø 4 mm), 2 Stecknadeln mit Kopf

Das Püppchen wird nach der Grundanleitung auf Seite 54/55 gewickelt. Den weißen Bastelfilz in lange ca. 5 mm breite Streifen schneiden. Zunächst Theos Kopf verbinden, dazu einfach das Filzband kreuz und quer um den Kopf wickeln und das Ende mit Textilkleber fixieren.

Beim Bauchwickel zunächst einen Streifen über die Schulter wickeln und dann weiter um den Bauch, auch hier das Ende mit Textilkleber fixieren. Dann den Arm verbinden, dazu erst einen Streifen über die Hand legen, dann am Arm nach oben weiterwickeln und festkleben.

Zwei schwarze Stecknadeln als Augen in den Kopf stecken. Zum Schluss das rote Herz mittig auf dem Körper befestigen und zwei Stecknadeln rechts und links davon in Theo Trostpflaster stecken.

Lucky Lucas

Material

Baumwolle in Orange und Grün, 2 Stecknadeln mit Kopf, 2 Holzstreuteile „Fliegenpilz“ (1,5 cm hoch), Deko-Kleeblatt, Schleifenband in Rot-Weiß kariert (5 mm breit), evtl. Glücksschwein

Püppchen und Anzug werden wie in der Grundanleitung beschrieben gewickelt (siehe Seite 54–57). Die beiden schwarzen Stecknadeln als Augen in den Kopf stecken. Das karierte Band um den Hals binden und das Kleeblatt schräg auf den Kopf kleben. Auf das Kleeblatt einen kleinen Holz-Fliegenpilz kleben. Zum Schluss einen weiteren Fliegenpilz mittig auf den Körper kleben und zwei Stecknadeln rechts und links davon in Lucky Lucas stecken.

Bea Bravissimo

Material

Baumwollgarn in Rosa und Hellblau, Strickwolle in Grün und Türkis, Rundkopfklammer „Herz“ in Rot (ø 4 mm), 2 Stecknadeln mit Kopf

Puppe und Kleid werden wie in der Grundanleitung auf Seite 54–57 beschrieben gearbeitet.
Zwei schwarze Stecknadeln als Augen in den Kopf stecken.
Die Haare mit Mittelscheitel aus dicker grüner Wolle knoten (siehe Grundanleitung) und mit Textilkleber am Kopf befestigen. Die Haare anschließend auf ca. 8 cm Länge kürzen. Einen dicken türkisfarbenen Faden als Schal um Beas Hals knoten. Zum Schluss das rote Herz mittig auf den Körper setzen und zwei Stecknadeln rechts und links davon in die Puppe stecken.

Love

Little Princess

Sie ist die Traumfrau schlechthin: Anmutig, charmant, witzig, immer gut drauf, trägt immer die richtigen Klamotten, kann gut tanzen usw. Diese guten Eigenschaften teilt sie gerne mit anderen Girls. Denke aber immer daran, dass auch Ecken und Kanten liebenswert und interessant machen.

Luna Loveyou

Luna Loveyou kennt das Gefühl, im siebten Himmel zu schweben, Schmetterlinge im Bauch und wildes Herzklopfen zu haben. Die bange Frage: „Wie sag' ich's ihm nur?" ist ihr aber völlig fremd. Sie ist nämlich ein sehr direkter Mensch und hat immer die richtigen Worte parat – auch für dich!

Kleiner Kummerkiller

Rezepte gegen Liebeskummer gibt es viele: Schokolade, Parties, Flirten mit anderen Jungs, Heulen bei der besten Freundin. Alles gute Ideen, die aber nicht immer zuverlässig helfen. Wenn alles andere versagt, kommt der Kleine Kummerkiller ins Spiel. Selbst sehr kummererfahren hilft er dir, die ganze Sache schnell zu vergessen.

Miss Irresistible

Miss Irresistible begeistert mit Charme und Ausstrahlung. Ihr fröhliches, unkompliziertes Wesen nimmt alle für sie ein. Sie mag sich, wie sie ist, ist eine kleine Fashionista und ergänzt Chic mit guter Laune. Selbstbewusst rät sie allen: Be yourself – be irresistible!

Amanda hat sich von Amor Pfeil und Bogen ausgeliehen und ist jederzeit bereit, sich auf ihr „Opfer" zu stürzen und sein Herz für dich zu erobern. Amanda ist sehr treffsicher und hat eine hohe Erfolgsquote. Schick sie los und schau, was passiert.

Amanda Amor

Anleitung

Little Princess

Material

Baumwollgarn in Weiß und Rosa, Strickwolle in Maisgelb, Rundkopfklammer „Herz" in Rot (ø 4 mm), 2 Stecknadeln mit Kopf, Metallfolie in Gold, 4 Schmucksteine in Transparent, evtl. Plastikfrosch, Stoffrose und kleiner Schmuckstein

Vorlage Seite 61

Die Puppe und das Shirt werden wie in der Grundanleitung auf Seite 54–57 beschrieben gewickelt. An einen ca. 8 cm langen rosafarbenen Baumwollfaden werden 25 bis 30 ca. 6 cm lange rosafarbene Baumwollfäden geknotet. Der „Fadenrock" wird anschließend unterhalb der Arme an die Prinzessin geknotet. Das überstehende Garn abschneiden.

Die Haare aus maisgelber Wolle zum Pferdeschwanz knoten (siehe Grundanleitung) und mit Textilkleber am Kopf befestigen. Die Haare zusammenfassen und auf ca. 8 cm kürzen. Zwei schwarze Stecknadeln als Augen in den Kopf stecken.

Aus der Metallfolie laut Vorlage eine Krone ausschneiden und zu einem Ring zusammenkleben. Auf die Spitzen der Krone je einen Schmuckstein kleben. Anschließend die Krone mit Klebstoff schräg auf den Kopf kleben. Das rote Herz mittig auf dem Körper befestigen und zwei Stecknadeln rechts und links davon in die Puppe stecken. Dem Plastikfrosch einen Schmuckstein auf den Kopf kleben und die Rose unterhalb des Bauches mit etwas Klebstoff fixieren.

Amanda Amor

Material

Baumwollgarn in Rosa, Strickwolle in Rot und Rosa, Bastelfilz in Rot (1 mm stark), 3 rote Haushaltsgummis, Zahnstocher, Engelsflügel in Gold (ca. 11 cm breit), Aluminiumdraht, Brad „Herz“ in Weiß (ø 1,5 cm), 2 Stecknadeln mit Kopf

Vorlage Seite 61

Amanda wird nach Grundanleitung (siehe Seite 54–57) gewickelt. Das Kleid laut Vorlage aus Bastelfilz zuschneiden, schräg über die Schulter wickeln und mit Textilkleber fixieren. Die Haare abwechselnd aus roter und rosa Wolle wie in der Grundanleitung für den Pferdeschwanz beschrieben knoten. Rechts und links am Kopf jeweils drei Fäden zum Zopf flechten und mit einem Gummiring fixieren. Die restlichen Haarsträhnen nach hinten legen und mit Textilkleber am Kopf befestigen. Zwei schwarze Stecknadeln als Augen in den Kopf stecken. Die Flügel mit Klebstoff am Rücken befestigen.

Der Bogen wird aus Aluminiumdraht wie in der Abbildung zu sehen gebogen. Dann ein Gummiband durchschneiden und am Bogen festknoten. Auf einer Seite des Zahnstochers die Spitze abschneiden und den Zahnstocher mit Klebstoff an die rechte Hand, den Bogen an die linke Hand kleben und den Zahnstocher durch den Bogen stecken. Zum Schluss das Herz mittig auf dem Körper befestigen und zwei Stecknadeln in das Herz stecken.

Kleiner Kummerkiller

Material

Baumwollgarn in Pink, Blau und Orange, Strickwolle in Weiß, Rundkopfklammer „Herz" in Weiß (ø 4 mm), Stecknadel mit Kopf, Stecknadel mit orangefarbenem Kopf, Schmuckstein in Blütenform, Stoff in Weiß, ca. 3 cm x 3 cm

Der Körper und das Shirt werden gemäß der Grundanleitung auf Seite 54–57 gewickelt. Die Hose zunächst bis ca. zur Hälfte der Beine wickeln. Dann werden die beiden Beine jeweils separat gewickelt und der Faden zurück bis zur Körpermitte geführt.
Den Faden hinten verknoten und abschneiden. Eine orangefarbene Stecknadel bis auf 1 cm kürzen und seitlich als Knopf in die Hose stecken.
Die Haare aus weißer Wolle zum Pferdeschwanz knoten (siehe Grundanleitung) und mit Textilkleber am Kopf befestigen. Die Haare mit einem weißen Faden zusammenbinden und auf ca. 8 cm kürzen. Ein Schmuckstein ins Haar kleben und zwei schwarze Stecknadeln als Augen in den Kopf stecken.
Das Stück Stoff erst in die Hände und dann mittig ins Gesicht kleben. Zum Schluss das weiße Herz auf den Körper stecken und zwei Stecknadeln rechts und links davon platzieren.

Luna Loveyou

Material

Baumwollgarn in Rot und Weiß, Strickwolle in Rosa, Brad „Blume“ in Rosa (ø 1,8 cm), Rundkopfklammer „Herz“ in Rot (ø 1,2 cm), 2 Stecknadeln mit Kopf

Die Puppe und das Kleid werden nach der Grundanleitung (siehe Seite 54–57) gewickelt. Die Haare zum Pferdeschwanz knoten (siehe Grundanleitung) und mit Textilkleber am Kopf befestigen. Die Haare mit einem rosafarbenen Wollfaden zusammenbinden und anschließend auf ca. 8 cm Länge kürzen. Zwei schwarze Stecknadeln als Augen in den Kopf stecken.
Am Haaransatz nun eine rosafarbene Blüte feststecken, das rote Herz mittig auf den Körper setzen und zwei Stecknadeln rechts und links davon platzieren.

Miss Irresistible

Material

Baumwollgarn in Hellbraun und Rosa, Strickwolle in Rot, Webband mit Punkten in Rot, 5 Metallperlen in Blütenform, 4 runde Metallperlen, Brad „Blume“ in Rosa (ø 1,8 cm), Rundkopfklammer „Herz“ in Rot (ø 4 mm), 2 Stecknadeln mit Kopf, Nylonfaden

Das Püppchen samt Shirt wie in der Grundanleitung beschrieben (siehe Seite 54–57) wickeln. Das ca. 2 cm lange Webband als Rock um die Beine legen und mit Textilkleber fixieren.
Die Haare aus roter Wolle zum Pferdeschwanz knoten (siehe Grundanleitung), mit Textilkleber am Kopf befestigen, mit einem roten Faden zusammenfassen und auf ca. 5 cm kürzen. Eine rosafarbene Blume ins Haar stecken und zwei schwarze Stecknadeln als Augen in den Kopf stecken.
Jeweils abwechselnd eine runde und eine Blütenperle auf einen Nylonfaden fädeln und als Kette um den Hals knoten. Zwei Blütenperlen als Ohrringe mit einem Nylonfaden am Haar fixieren. Zum Schluss das rote Herz mittig auf dem Körper befestigen und zwei Stecknadeln rechts und links davon in die Puppe stecken.

Wartest du immer noch darauf, deinem Dream Boy zu begegnen? Dem Jungen, der dich einfach umhaut, der in jeder Hinsicht deine Erwartungen erfüllt … oder sogar übertrifft? Den perfekten Jungen zu treffen, muss kein Zufall mehr bleiben.

Peter Perfect hilft dir dabei, seinen Zwillingsbruder aus Fleisch und Blut zu finden.

Küssen ist eigentlich ganz einfach. Was nicht heißt, dass nicht auch mal was schiefgehen kann. Damit das nicht passiert, ist

Little Miss Kiss mit viel Erfahrung, Sachverstand und Gefühl an deiner Seite und sorgt dafür, dass er deine Küsse so schnell nicht vergessen wird.

Der **Traumprinz** ist ein romantischer Typ. Er macht gerne Spaziergänge im lauen Sommerregen, kuschelt bei Mondenschein und ist immer für lange Gespräche zu haben. Wenn du auf der Suche nach einem zärtlichen, verständnisvollen Typ bist (der natürlich auch gut küsst), hilft dir der Traumprinz.

Jungs!

Manche Jungs wissen offenbar nicht, wie man ein Telefon bedient. Das ist schade, denn schließlich hast du dem süßen Typen auf der Party deine Nummer gegeben … und jetzt ruft er nicht an. Damit er nicht die Chance seines Lebens verpasst, wird

Amy Call-me aktiv und sorgt dafür, dass er zum Telefon greift.

Lästige Verehrer können ganz schön nerven. Manchmal hilft auch ein klares Nein nicht weiter und ein großer Bruder ist weit und breit nicht in Sicht. In solchen Fällen muss

Punkie Punk eingreifen, der aufdringlichen Leuten, die dich einfach nicht in Ruhe lassen wollen, sagt, wo's langgeht.

Punkie Punk

Material

Baumwollgarn in Gelb und Schwarz, Strickwolle in fünf verschiedenen Farben, Bastelfilz in Schwarz (1 mm stark, 3 cm x 0,5 cm, 2 x 2 cm x 0,5 cm), Metallic-Liner in Silber, Spaltring (ø 7 mm), 2 Stecknadeln mit Kopf

Die Puppe, der Anzug und die Haare werden wie in der Grundanleitung auf Seite 54–57 beschrieben gearbeitet. Die Streifen für das Halsband und die beiden Armbänder aus schwarzem Filz ausschneiden. Mit dem Metallic-Liner in gleichmäßigen Abständen kleine Punkte als Nieten aufmalen und trocknen lassen. Anschließend das Halsband und die beiden Armbänder ankleben.
Zwei schwarze Stecknadeln als Augen in den Kopf stecken. Zum Schluss beide Arme mit Stecknadeln am Körper befestigen sowie den Spaltring als Piercing über dem linken Auge unter einem Faden des Kopfes durchfädeln.

Anleitung

Amy Call-me

Material

Baumwollgarn in Pink und Orange, Strickwolle in Pink, Brad „Blume“ in Blau (ø 1,8 cm), Rundkopfklammer „Herz“ in Rot (ø 4 mm), 2 Stecknadeln mit Kopf, Schmuckstein in Rot

Vorlage Seite 60

Die Puppe und das Kleid werden wie in der Grundanleitung beschrieben (siehe Seite 54–57) gewickelt. Das Kleid wird bis fast zum Ende der Beine gewickelt. An einem Handgelenk den Arm etwa dreimal mit orangefarbenem Garn umwickeln, mit Textilkleber fixieren und einen roten Schmuckstein aufkleben.
Die Haare zum Pferdeschwanz knoten (siehe Grundanleitung), mit Textilkleber am Kopf befestigen, mit einem rosafarbenen Faden zusammenfassen und auf ca. 8 cm Länge kürzen. Eine blaue Blüte ins Haar setzen.

Zwei schwarze Stecknadeln als Augen in den Kopf stecken. Zum Schluss das rote Herz mittig auf dem Körper fixieren, zwei Stecknadeln rechts und links davon in die Puppe stecken. Den Zettel ausdrucken oder kopieren und mit einer der Stecknadeln an das Püppchen pinnen.

Little Miss Kiss

Material

Baumwollgarn in Weiß und Gelb, Rundkopfklammer „Herz" in Rot (ø 4 mm), Stecknadel ohne Kopf, 2 Stecknadeln mit Kopf

Vorlage Seite 59

Das Püppchen und das Shirt laut Grundanleitung auf Seite 54–57 wickeln. Anschließend um jeden Arm ca. dreimal gelbes Garn wickeln und mit Textilkleber fixieren. Dann dasselbe an den Beinen wiederholen. Zwei schwarze Stecknadeln als Augen in den Kopf stecken. Das rote Herz mittig auf dem Körper befestigen, zwei Stecknadeln rechts und links davon in die Puppe piksen. Den Kussmund farbkopieren und mit einer Stecknadel an den Kopf pinnen.

Peter Perfect

Material

Baumwollgarn in Hellbraun, Weiß und Schwarz, Satinband in Rot (4 mm breit), Rundkopfklammer „Herz" in Rot (ø 4 mm), 2 Stecknadeln mit Kopf, Velour-Zylinder in Schwarz (innen ø 3 cm), 3 Stoffrosen

Die Puppe, das Hemd und die Hose werden wie in der Grundanleitung auf Seite 54–57 beschrieben gewickelt. Für die Fliege wird eine Schleife aus rotem Satinband um den Hals gebunden. Für die Augen werden zwei schwarze Stecknadeln in den Kopf gesteckt.
Zum Schluss das rote Herz mittig auf dem Körper befestigen und zwei Stecknadeln rechts und links davon in die Puppe stecken, den Zylinder auf den Kopf setzen und drei Rosen in die Hand kleben.

Traumprinz

Material

Baumwollgarn in Creme, Rundkopfklammer „Herz" in Rot (ø 4 mm und 1,2 cm), Glitter-Liner in Gold, 2 Stecknadeln mit Kopf, Stecknadel mit rotem Kopf, Bastelfilz in Hellbraun (4 mm stark) und Grau (1 mm stark), Schmucksteine (5 x in Rot, 1 x in Gelb), 2 Wattekugeln (ø 8 mm)

Vorlage Seite 61

Der Prinz wird laut Grundanleitung auf Seite 54–57 gewickelt. Gemäß Vorlage aus hellbraunem Filz eine Krone ausschneiden und die beiden Enden mit etwas Textilkleber zusammenkleben. Jeweils an einer Kronenspitze einen roten Schmuckstein festkleben und mit dem Glitter-Liner an den Ecken zwischen den Spitzen einen kleinen Punkt aufmalen. Klebstoff und Glitter-Liner gut trocknen lassen.
Aus grauem Filz laut Vorlage das Hemd und den Gürtel ausschneiden. Auf der Vorder- und Rückseite des Hemdes etwas Textilkleber auftragen und die beiden Teile jeweils vorne und hinten an die Puppe kleben. Anschließend den Gürtel samt einem kleinen Schmuckstein als Gürtelschnalle aufkleben. Diesen mit Glitter-Liner umranden und alles trocknen lassen. Die beiden schwarzen Stecknadeln als Augen in den Kopf stecken. Auf die Stecknadel mit rotem Kopf das große Herz kleben und trocknen lassen. Anschließend den Stab an der Hand fixieren, und zwar mithilfe von zwei Wattekugeln, durch die die Stecknadel gestochen wird.
Das rote Herz mittig auf dem Körper befestigen und zwei Stecknadeln rechts und links davon in den Prinzen piksen. Die Krone auf den Kopf setzen und evtl. mit etwas Textilkleber fixieren.

Be yourself!

Happy-Go-Lucky

Happy-Go-Lucky ist ein richtiges Sonntagskind. Sie hat eine positive Einstellung zum Leben, sieht immer nur die positiven Seiten und verbreitet überall gute Laune. Ihr sonniges Gemüt ist ansteckend – du wirst sehen!

Kati Karate

Kati Karate lässt sich nichts gefallen, was ihr gegen den Strich geht. Sie kann klar und deutlich Nein sagen und wehrt sich, wenn ihr jemand auf die Nerven geht. Sie bleibt sich treu, auch wenn sie dabei ab und zu mal aneckt. Mit ihrer Power setzt sie sich auch für andere ein – zum Beispiel für dich!

Kleine Hexe

Die kleine Hexe zeigt allen, wie man mit viel Spaß durchs Leben fetzt, sein Ding durchzieht und sich selbst gern hat trotz diverser kleiner Schwächen und Fehler. Sie weiß genau: Nobody is perfect!

Kati Karate

Material

Baumwollgarn in Rosa und Weiß, Strickwolle in Schwarz, Bastelfilz in Weiß (1 mm stark), Rundkopfklammer „Herz“ in Rosa (ø 4 mm), 2 Stecknadeln mit Kopf

Vorlage Seite 60

Die Puppe samt Hose wird wie in der Grundanleitung (siehe Seite 54–57) beschrieben gewickelt. Die Jacke mithilfe der Vorlage zweimal aus weißem Filz ausschneiden. Auf die Innenseite des Jackenrückens Klebstoff auftragen und Kati Karate auf die Jacke legen. Nun die Vorderseite der Jacke ebenfalls mit etwas Klebstoff bestreichen und auf die Vorderseite des Püppchens legen, sodass nun Rückenteil und Vorderteil zusammenkleben. Gut trocknen lassen. Als Gürtel dient ein dicker schwarzer Faden, der um den Bauch geknotet wird.
Die Haare zum Pferdeschwanz knoten (siehe Grundanleitung), mit Textilkleber am Kopf befestigen, mit einem schwarzen Faden zusammenfassen und auf ca. 8 cm Länge kürzen. Zwei schwarze Stecknadeln als Augen in den Kopf stecken. Zum Schluss das rosa Herz mittig auf den Körper stecken und zwei Stecknadeln rechts und links davon platzieren.

Kleine Hexe

Material

Baumwollgarn in Rosa, Strickwolle in Kupferrot, Bastelfilz in Braun (1 mm stark), mehrere Schmucksteine in Blütenform, Besen (ca. 10 cm lang), Rundkopfklammer „Herz“ in Weiß (ø 4 mm), 2 Stecknadeln mit Kopf

Vorlage Seite 59/60

Die kleine Hexe wird nach der Grundanleitung auf Seite 54/55 gewickelt. Das Kleid und den Hut laut Vorlage ausschneiden. In das Kleid wird rechts und links jeweils ein Loch für die Arme geschnitten. Der kleinen Hexe das Kleid anziehen und vorne mit etwas Textilkleber zukleben. Anschließend mehrere Blüten aufkleben.
Den Hut an den langen Kanten zusammenkleben und ebenfalls mit mehreren Blüten verzieren. Die Haare mit Mittelscheitel aus kupferroter Wolle knoten (siehe Grundanleitung), mit Textilkleber am Kopf befestigen und auf ca. 7 cm Länge kürzen. Zwei schwarze Stecknadeln als Augen in den Kopf stecken. Den Hut mit etwas Textilkleber auf dem Kopf fixieren. Das weiße Herz mittig auf dem Körper befestigen und zwei Stecknadeln rechts und links davon in die kleine Hexe stecken.

Anleitung

Happy-Go-Lucky

Material

Baumwollgarn in Gelb, Lila und Pink, Strickwolle in Lila und Pink, Stoffblüte in Weiß, Steckdraht, Fimo® in Rot und Hellblau, Klarlack, Plastik-Buchstaben-Perlen in verschiedenen Farben, Nylonfaden

Das Püppchen und die Kleidung werden wie in der Grundanleitung auf Seite 54–57 beschrieben gewickelt. Die Haare abwechselnd mit pink- und lilafarbener Wolle zum Pferdeschwanz knoten (siehe Grundanleitung) und mit Textilkleber am Kopf befestigen. Die Haare mit einem lila Faden zusammenfassen und auf ca. 5 cm kürzen. Zwei schwarze Stecknadeln als Augen in den Kopf stecken.

Die weiße Stoffblüte mit Textilkleber auf dem Haar befestigen. Nun die Buchstabenperlen zu „HAPPY" auf einen Nylonfaden fädeln und um den Hals des Püppchens knoten.

Aus Fimo® zwei Luftballons formen, jeweils ein Stück Draht in den Ballon stecken, laut Herstellerangaben im Backofen brennen und anschließend mit Lack überziehen. Die fertigen Luftballons mit etwas Klebstoff an der Hand des Püppchens befestigen.

VOODOO-ZAUBER FÜR DICH!

VooDolls eignen sich perfekt zum Verschenken. Hier findest du einige Ideen für Geschenkverpackungen.

Butterbrottüte

Material

Butterbrottüte, Schleifenband in Rot-Weiß kariert, Brad in Rot, Tonpapier in Rot-Weiß kariert, Kopierpapier in Weiß, Holzblüte in Pink, Konturenschere mit Wellenrand, Bürolocher

Den oberen Rand der Butterbrottüte zweimal falten und mit einem Locher mittig ein Loch stanzen. Aus dem karierten Tonpapier einen ca. 6,5 cm großen Kreis mit der Motivschere ausschneiden. Einen zweiten Kreis (ca. ø 5,8 cm) ebenfalls mit der Motivschere ausschneiden und auf das Tonpapier aufkleben. Mit einem Stift in schöner Schrift „Voodoo Zaubertüte für …" auf den ausgeschnittenen Kreis schreiben oder den Schriftzug vorher mit dem Computer ausdrucken. Mit dem Locher am oberen Rand ein Loch stanzen. Das Karoband um die rote Klammer binden. Nun das Etikett mithilfe der Klammer durch das Loch in der Tüte stecken und hinten die beiden Klammerenden seitlich wegknicken. Zum Schluss die Holzblüte mit Klebstoff auf dem Etikett fixieren.

Einmachglas

Material

Einmachglas (ca. 11 cm hoch), etwas Islandmoos, Streuteile „Fliegenpilz“ (2 x klein, 1 x groß), einige Kleeblätter aus Kunststoff, Schleifenband in Rot-Weiß kariert (1 cm breit), Schnur in Weiß, Konturenschere mit Wellenrand, Kopierpapier in Weiß

Zunächst etwas Islandmoos auf dem Glasboden verteilen. Dann das Voodoopüppchen mittig in das Moos setzen und die Fliegenpilze in das Moos stecken. Anschließend ein paar Blätter Glücksklee im Glas verteilen.
Das Glas schließen und das Karoband um den Glasdeckel zu einer Schleife binden. Rechts und links der Schleife ein Glückskleeblatt aufkleben. Mit einer Motivschere einen ca. 4 cm großen welligen Kreis aus Papier ausschneiden. Mit einem schönen Stift „1 Portion Voodoo-Glück“ auf den ausgeschnittenen Kreis schreiben oder den Schriftzug vorher mit dem Computer ausdrucken. Den Kreis nun mit der Schnur am Glas befestigen.

Kugel

Material

teilbare Acrylkugel (ø 18 cm), Schleifenband in Rosa-Weiß kariert (1 cm breit), Filzblume in Pink (ca. ø 7 cm), Holzblume, Heißklebepistole, Sprühkleber, Glitterpulver, Sisal in Rot

Die Plastikkugel öffnen und auf einer Hälfte etwas Sprühkleber aufsprühen, den Glitter aufstreuen und durch Hin- und Herschütteln etwas in der Kugel verteilen. Nun in diese Hälfte mit etwas Heißkleber das Sisal am Boden fixieren. Das Voodoopüppchen in das Sisal setzen und die Kugel schließen. Oben über die Aufhängung die Filzblume stülpen. Das rosa Karoband durch das Loch der Aufhängung ziehen und eine Schleife binden. Zum Schluss die Holzblume mit etwas Heißkleber auf der Kugel fixieren.

VooDolls bringen Magie in den Alltag

Was ist Voodoo?

Voodoo ist eine Religion, die auf Haiti, in Afrika und Teilen Amerikas verbreitet ist. Ein bei uns sehr bekannter Bestandteil dieser Religion ist das Herstellen von Voodoo-Puppen. Diese Puppen können einem bestimmten Menschen nachgebildet oder durch ein Foto, das an die Puppe geheftet wird, als bestimmte Persönlichkeit ausgewiesen werden. Indem mit einer Nadel in die Puppe gestochen wird, soll demjenigen, dem die Puppe nachempfunden wurde, Schmerzen zugefügt werden. Neben diesem doch recht düsteren Ritual ist der Hauptverwendungszweck der Voodoo-Puppe jedoch positiv: Von Voodoo-Priestern werden die Puppen vor allem verwendet, um Krankheiten zu heilen.

VooDolls

Es gibt Voodoo-Puppen … und es gibt VooDolls. VooDolls haben die magische Kraft von Voodoo-Puppen, sind aber viel cooler, bunter und vielseitiger. Für jedes kleine oder große Problem gibt es nämlich eine VooDoll, die für die Lösung zuständig ist. Egal, ob du Liebeskummer, Probleme in der Schule oder Schiss vor dem ersten Date hast. Es gibt eine VooDoll, die dir helfen kann.

Außerdem sind VooDolls immer da, wenn du sie brauchst, sie begleiten dich überall hin, geben dir Power und Mut oder machen einfach nur das Leben schöner und leichter. Und wenn du VooDolls verschenken möchtest, tun sie natürlich genau dasselbe für denjenigen, der sie geschenkt bekommen hat.

Probier's doch einfach mal aus und lass dich überraschen.

Wie funktioniert eine VooDoll?

Der Klassiker

Wie ihre alterwürdigen Vorfahren sind auch die kleinen VooDolls für Nadelstiche sehr empfänglich. Wenn du mit Nadeln in die Püppchen stichst, entfalten sie ihre ganze Energie. Nimm dazu mit Daumen und Zeigefinger der rechten Hand eine Nadel und steche sie mehrmals in den Bauch der VooDoll, die du in der linken Hand hältst. Denke dabei fest an eine bestimmte Person oder einen Wunsch.

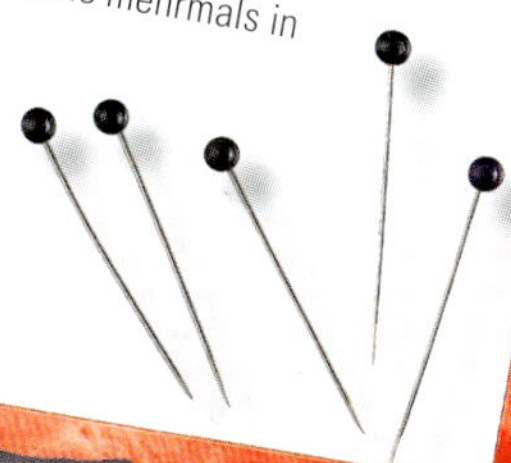

Für Schüchterne

Zugegeben: Das mit den Nadeln ist nicht jedermanns Sache. Für friedliebende Menschen gibt es aber auch noch eine andere Möglichkeit, die magischen Kräfte der VooDolls zu aktivieren. Schreibe einfach einen Namen oder einen Wunsch auf einen kleinen Zettel, falte ihn zusammen und wickle ihn mit in die Puppe ein, wenn du den Bauch der Puppe wickelst.

Wenn dir alle Voodoo-Rituale zu blöd sind, ist das auch nicht weiter schlimm: Die VooDolls wirken auch so. Keine Sorge also.

So wird's gemacht

Materialien und Werkzeuge

Die folgenden Materialien und Werkzeuge brauchst du für alle Püppchen und solltest sie deshalb immer griffbereit haben:

Für die Püppchen: Baumwollgarn (für 3–4er Strick- bzw. Häkelnadeln)

Für die Haare: Waschmaschinen-Filzwolle oder dickes Strickgarn (für 8–9er Strick- bzw. Häkelnadeln)

Für die Augen: pro Püppchen 2 Stecknadeln mit schwarzem oder blauem Kopf

Zum Kürzen der Stecknadeln: Kneifzange

Häkelnadel

Textilkleber oder Alleskleber

Schere

Für Schablonen: festes Transparentpapier, Bleistift und Filzstift (Die Vorlage auf das Transparentpapier durchpausen, die Form ausschneiden und auf das gewünschte Material übertragen.)

Schlüsselanhänger mit Karabiner

Püppchen wickeln

1 Zunächst ein Wollknäuel für den Kopf wickeln. Dazu das Garn einige Male um zwei Finger wickeln, die Wolle von den Fingern abnehmen und das Garn mittig ein paar Mal um den entstandenen Strang wickeln.

2 Dann die so entstandene „Wollfliege" mittig zusammenklappen und das Garn rund um das kleine Knäuel wickeln. Achte darauf, dass beim Wickeln eine runde Kugel entsteht und das Garn richtig fest sitzt.

3 Wenn eine ca. 3 cm große Kugel entstanden ist, das Garn in einer Länge von ca. 5 cm abschneiden und mithilfe der Häkelnadel das Garnende unter einem gewickelten Faden durchziehen und verknoten. Das überstehende Garnende abschneiden und evtl. mit Textilkleber fixieren.

4 Für die Arme das Garn dreimal um die gespreizten Finger der Hand wickeln, von den Fingern nehmen und in der Mitte beginnend das Garn vorsichtig und gleichmäßig um den Garnstrang wickeln. Dabei den Garnstrang immer nah am zu wickelnden Bereich mit Zeigefinger und Daumen festhalten.

5 Kurz vor dem Ende des Garnstrangs (knapp 5 mm als Hand freilassen) wird das Garn zurückgewickelt bis kurz vor das Ende der anderen Seite (auch hier wieder knapp 5 mm freilassen) und wieder zurück bis zur Mitte des Strangs wickeln. Das Garnende einmal als Schlaufe um den Strang schlagen, verknoten und das überstehende Ende abschneiden. Für die Beine nun auf die gleiche Weise einen zweiten Strang wickeln.

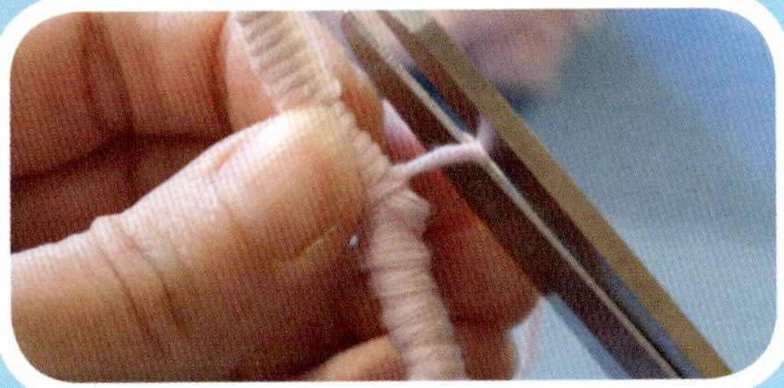

6 Wenn beide Stränge für Arme und Beine fertig gewickelt sind, diese mit Garn in der Mitte zusammenbinden, den Kopf mittig auf die beiden Stränge legen und verbinden, indem drei- bis viermal um die Kopfmitte gewickelt wird.

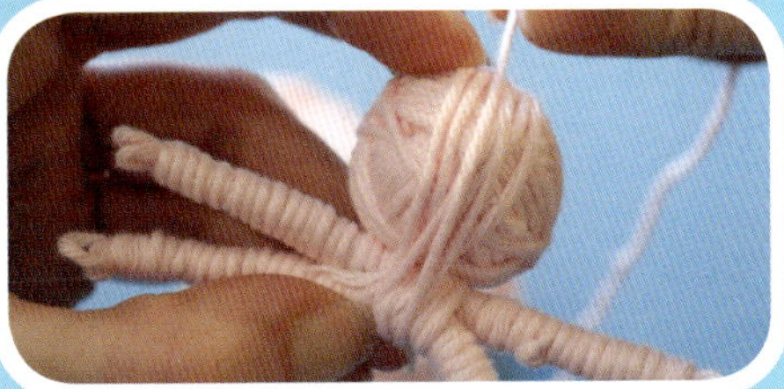

7 Zum Fixieren des Kopfes anschließend ein paarmal das Garn um den Hals wickeln, dann die Beine nach unten drücken und die Arme seitlich abstehen lassen. Nun wird das Garn zwei- bis dreimal über Kreuz um die Brust des Püppchens gewickelt und anschließend der Körper bis etwas unterhalb des Beinbeginns gewickelt. Den Faden mithilfe einer Schlaufe am Rücken des Püppchens verknoten und den überstehenden Faden abschneiden.

8 Für die Augen einfach zwei Stecknadeln mit schwarzem oder blauem Kopf mit einer Kneifzange auf ca. 1 cm Länge kürzen. Am besten die Stecknadeln leicht schräg abknipsen, sodass die Nadel weiterhin spitz zuläuft. So lassen sich die Stecknadeln leichter in den Körper des Püppchens stecken.

Lange Haare mit Mittelscheitel

Hierfür wird ein ca. 15 cm langer dicker Wollfaden benötigt. Anschließend werden ca. 20 bis 25 ca. 12 cm lange dicke Wollfäden abgeschnitten und dicht an dicht an den 15 cm langen Wollfaden geknotet. Wenn alle Fäden verknotet sind, wird auf den Kopf des Püppchens entlang dem Haaransatz und dahinter etwas Textilkleber aufgetragen. Nun die Haare aufkleben und die einzelnen Wollfäden fest am Kopf des Püppchens andrücken. Achte darauf, dass der Scheitel (d.h. die Knoten) mittig auf dem Kopf sitzt. Sobald der Textilkleber getrocknet ist, werden die Haare auf die gewünschte Länge zurechtgeschnitten.

Hahnenkamm

Hierfür wird ein ca. 8–10 cm langer dünner Wollfaden in der Farbe des Püppchens benötigt. Fünf bis sechs dicke Wollfäden in verschiedenen Farben abschneiden. Diese werden mithilfe einer Schlaufe (siehe Pferdeschwanz, Schritt 1) um den dünnen Wollfaden verknotet. Die Haarsträhnen nun auf ca. 1,5 cm kürzen. Anschließend wird der dünne Wollfaden auf ca. 4–5 cm gekürzt und mithilfe von Textilkleber mittig auf dem Kopf es Püppchens geklebt.

1 Hierfür wird ein ca. 20 cm langer dicker Wollfaden benötigt. Anschließend werden ca. 20 bis 25 ebenfalls ca. 20 cm lange Wollfäden abgeschnitten, die mithilfe einer Schlaufe an den einzelnen Wollfaden geknotet werden.

2 Wenn alle Wollfäden verknotet sind, wird der einzelne Faden um den Kopf des Püppchens verknotet. Dann die Haare nach oben stülpen, sodass ein Haarkranz entsteht und mit einem Gummiband, Wollfaden oder Band die Haare zum Pferdeschwanz binden. Zum zusätzlichen Fixieren kann etwas Textilkleber um den Kopf des Püppchens aufgetragen werden.

Pferdeschwanz

Shirt oder Kleid wickeln

Für ein Shirt zunächst den Garnfaden zwei- bis dreimal über Kreuz um die Schultern des Püppchens wickeln. Dann weiter bis ca. zum Anfang der Beine wickeln, eine Schlaufe schlagen und den Faden am Rücken des Püppchens verknoten. Den restlichen Faden abschneiden. Bei einem Kleid wie beim Shirt vorgehen, hier aber bis ca. zur Hälfte der Beine weiterwickeln und das Garnende mit einer Schlaufe am Rücken des Püppchens verknoten.

Hemd oder Pullover wickeln

Für ein Hemd oder einen Pullover zunächst den Garnfaden zwei- bis dreimal über Kreuz um die Schultern des Püppchens wickeln, dann zunächst den einen Arm bis zur Hand wickeln, zurück bis zum Körper und auf der anderen Seite des Armes wieder bis zur Hand und zurück zum Körper wickeln. Nun wie beim Shirt bis zum Anfang der Beine am Körper nach unten wickeln. Mit einer Schlaufe den Faden am Rücken des Püppchens verknoten.

Hose wickeln

1 Die Beine des Püppchens zunächst zusammen mit einem Faden vom Bauch aus umwickeln. Nach ca. 5 mm erst ein Bein umwickeln, wieder zurückwickeln und das andere Bein genauso wickeln.

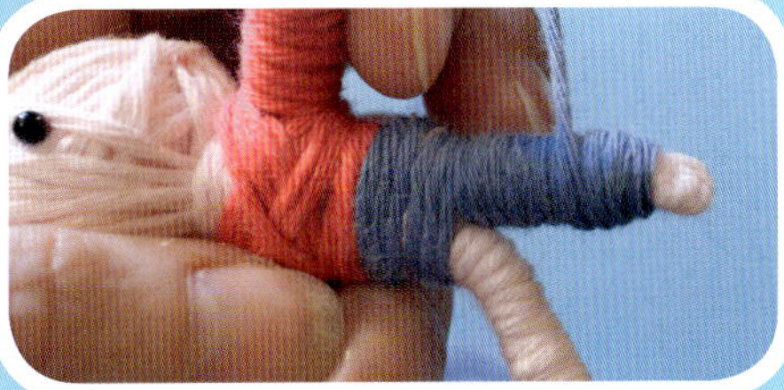

2 Wenn das zweite Bein mit Wolle bis zu den Füßen gewickelt wurde, wieder bis zum Beginn der Hose wickeln und mit einer Schlaufe den Faden am Rücken des Püppchens verknoten. Den überstehenden Faden abschneiden. Bei einer kurzen Hose nur bis zur Hälfte der Beine wickeln.

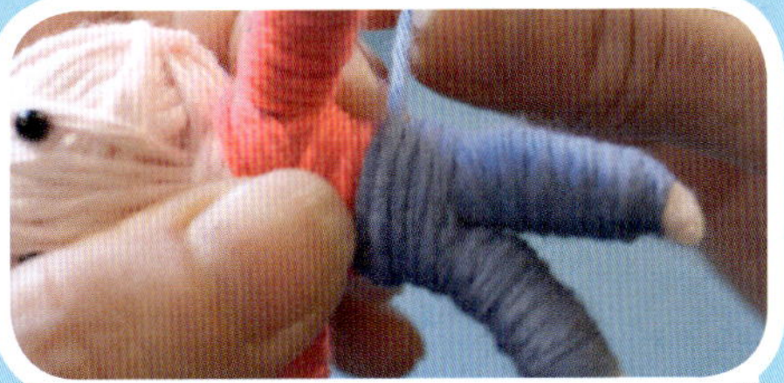

Vorlagen

Hut
Hut
Clever Sue
Seite 6 und 9
Hut
Krawatte
Kragen
Self Made Man
Seite 7 und 10

2x
Angelina
Seite 13 und 14
2x
2x
Käpt'n Kid
Seite 12 und 15
Marlon Magician
Seite 13 und 17
Kleine Hexe
Seite 47 und 48
Little Miss Kiss
Seite 40 und 44
Mr. Vamp
Seite 13 und 16
Marlon Magician
Seite 13 und 17

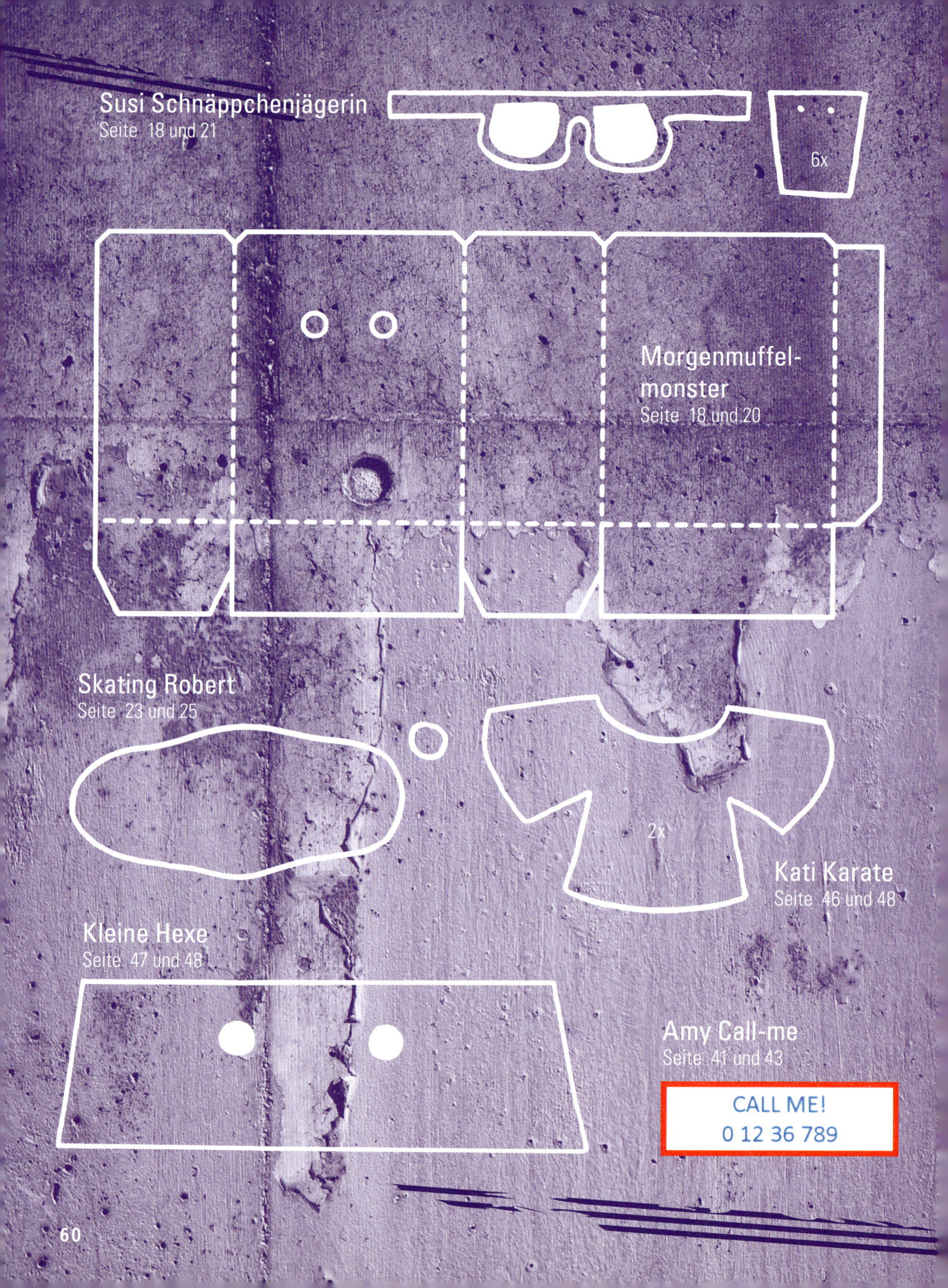
Susi Schnäppchenjägerin
Seite 18 und 21
6x
Morgenmuffel-
monster
Seite 18 und 20
Skating Robert
Seite 23 und 25
2x
Kati Karate
Seite 46 und 48
Kleine Hexe
Seite 47 und 48
Amy Call-me
Seite 41 und 43
CALL ME!
0 12 36 789

Cheering Charly
Seite 28 und 31
Yes, you can!
Little Princess
Seite 34 und 36
Amanda Amor
Seite 35 und 37
Traumprinz
Seite 40 und 45
Gregor Graffiti
Seite 23 und 27

voodolls

Zombie Magician

Respektlosigkeit und schlechte Umgangsformen werden von Zombie Magician konsequent mit den Künsten schwarzer und weißer Magie gekontert. Knigge Rules!

Sei froh, wenn deine Eltern dir einigermaßen was mit auf den Weg gegeben haben ... Zombie Magician nimmt sich viel Zeit für unhöfliche Menschen und wird auch vor dir nicht Halt machen, wenn du dich daneben benimmst – es ist seine absolute Lieblingsbeschäftigung, zu belehren. Zombie Magician arbeitet mit dir an einem gepflegten Erscheinungsbild, sicherem Auftreten und vorbildhaftem Benehmen.

Dark Drakken

Flegel und Rowdys bekommen von Dark Drakken was sie selbst in die Welt hineinproleten. An ihm prallen alle unheilvollen Gedanken und schädlichen Energien einfach ab und er hat einen Mordsspaß dabei, diese wieder zielgenau an den Absender zurück zu schleudern – dabei trifft er immer mitten ins Schwarze!

Mit Dark Drakken kannst du dich endlich bei denen revanchieren, bei denen du bisher nur schutzlos einstecken konntest.

In diesem Buch haben wir dir gezeigt, wie man witzige kleine VooDolls selber machen kann. Wenn du es mal eilig hast oder keine Lust hast kreativ zu sein (kommt vor), dann kannst du VooDolls auch kaufen.

Diese und viele weitere VooDolls findest du unter

www.voodolls.de

Scooby

Scooby ist die Verkörperung von Liebe und Zuneigung und hat sich dem Schutz aller Lebewesen auf dieser Erde verschrieben. Sein riesiges Herz schlägt insbesondere für alle Vierbeiner. Scooby ist ein Meister in Sachen Schutzrituale und sorgt dafür, dass weder Hund, noch Katze und noch irgend einem anderen Haustier etwas Böses widerfährt. Er setzt sich immer und ohne Limit für die Rechte der Tiere ein.

Scooby hilft dir, die Bedürfnisse deines Haustiers jederzeit zu verstehen und sorgt dafür, dass alle gesund und glücklich sind.

Lucy Willpower

Lucy hat einen enorm starken Willen, der sich unter anderem insofern äußert, dass sie nicht nur Mitglied in einem Fitnesscenter ist, sondern tatsächlich auch hingeht! Sie setzt sich immer realistische Ziele und bleibt so lange dran, bis sie diese vollständig realisiert hat. Sie ist eine wahre Sportskanone und lässt schlaffe Rolltreppenfahrer regelmäßig hinter sich, während sie energiegeladen jede noch so steile Treppe hochsprintet.

Lucy gibt dir die Kraft, all deine Neujahrsvorsätze in die Tat umzusetzen und immun gegen Kalorienbomben zu werden.

Patricia Morgenthaler

geboren am 25. Februar 1972 in Frankfurt am Main, lebt mit ihrem Lebenspartner und ihren zwei Katzen in der Nähe von Schwäbisch Gmünd auf der schönen Ostalb. Sie studierte Marketing sowie Interior Design in Darmstadt und Wiesbaden.
Im Jahr 2006 eröffnete sie ihr eigenes Atelier und arbeitet seitdem als freiberufliche Designerin mit eigenem Onlineshop. Unter www.rosenfee.com bietet sie ihre mit viel Liebe handgefertigten Wohnaccessoires, Schlüsselanhänger, Handtaschen und vieles mehr an. Außerdem ist sie bereits seit vielen Jahren als Dozentin im Bereich Kunst und Kultur tätig.

Die Autorin dankt der Firma Rayher Hobby GmbH für die freundliche Bereitstellung von Material.

FOTOS: frechverlag GmbH, 70499 Stuttgart; Patricia Morgenthaler (Arbeitsschrittfotos Seite 54–57); lichtpunkt, Michael Ruder, Stuttgart (alle übrigen Fotos)

KONZEPT, PRODUKTMANAGEMENT UND LEKTORAT: Katrin Hartmann

UMSCHLAG/LAYOUT: DSP® zeitgeist gmbh, Ettlingen

GESTALTUNG: Petra Theilfarth

DRUCK UND BINDUNG: Finidr, s.r.o., Cesky Tesin, Tschechische Republik

Auflage:	5.	4.	3.	2.	1.	[Letzte Zahlen
Jahr:	2014	2013	2012	2011	2010	maßgebend]

ISBN 978-3-7724-5825-5 • Best.-Nr. 5825